ALBERT HEUMANN

LECTURES

ET

PROMENADES

PARIS

BIBLIOTHÈQUE INTERNATIONALE D'ÉDITION

E. SANSOT & Cie

7 et 9, Rue de l'Éperon, 7 et 9

MCMXI

LECTURES ET PROMENADES

ALBERT HEUMANN

LECTURES
ET
PROMENADES

PARIS
BIBLIOTHÈQUE INTERNATIONALE D'ÉDITION
E. SANSOT & Cie
7 et 9, Rue de l'Éperon, 7 et 9
MCMXI

A MA GRAND'MÈRE

A. H.

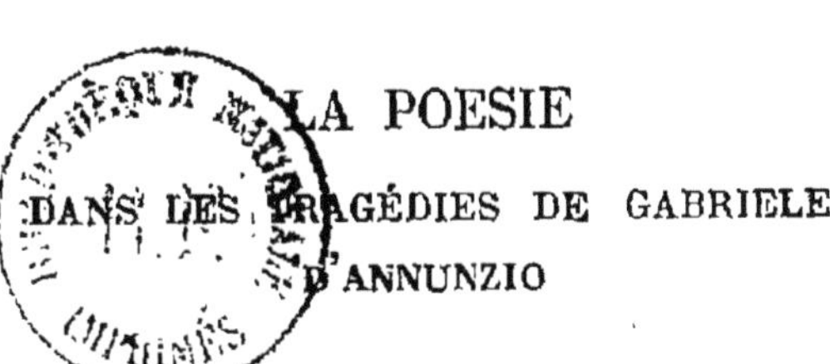

LA POESIE

DANS LES TRAGÉDIES DE GABRIELE D'ANNUNZIO

LA POÉSIE

DANS LES TRAGÉDIES DE GABRIELE D'ANNUNZIO (1)

La tâche est ingrate, pour qui prétend déterminer le caractère poétique d'une belle œuvre d'art, statue, tableau, poème, ou tragédie. A la vérité, il conviendrait de fouiller avec indiscrétion son sujet, de le dépouiller jusqu'à la

(1) Il ne sera question, dans cette étude, que des tragédies de Gabriele d'Annunzio publiées en Français : *les Victoires mutilées* (*la Gioconda, la Ville Morte, la Gloire*), un vol., chez Calmann-Lévy, traduction Hérelle, et la *Fille de Iorio*, tragédie pastorale, un vol., chez Çalmann-Lévy, traduction Hérelle.

1.

moëlle pour se pénétrer parfaitement de toute la poésie qu'il exhale, tant elle s'imprègne dans sa substance la plus intime, dans ses fibres les plus secrètes. D'autre part, elle se manifeste, nous caresse, nous enveloppe, nous charme ou nous émeut et nous tourmente par des moyens si divers, elle s'infuse en nous avec un tel luxe de fines nuances, elle est si subtile, si imprévue parfois, si mystérieuse souvent. que s'ingénier à la définir égalerait, en témérité, le désir d'emprisonner en sa main un rayon de soleil.

Les tragédies de Gabriele d'Annunzio sont bien propres à déconcerter un esprit obstiné, tant elles ruissellent d'une poésie, dont l'éclat n'a d'égal que la variété ; et l'on éprouve une singulière détresse, dès qu'il s'agit d'exposer et d'expliquer toutes les émotions douces ou violentes qu'elles savent communiquer.

Et d'abord, les décors sont toujours soigneusement choisis et amoureusement décrits.

Voici Florence, d'où l'on aperçoit, « dans le champ serein du « ciel, la colline de San Miniato et « sa claire basilique, et le couvent, « et l'église du Cronaca, *la Bella* « *Villanella,* le plus pur vaisseau « de la simplicité franciscaine », et « puis « les lauriers roses, les ta- « maris, les ajoncs, les pins, les « sables d'or semés d'algues mor- « tes, la mer calme semée de voiles « latines, l'embouchure pacifique « de l'Arno, et, par delà le fleuve, « les maquis sauvages du Gombo, « les Cascines de San Rossore, les « lointaines montagnes de Carra- « re, fécondes en marbres ».

Voici les ruines de Mycènes, « riche en or » dans l'Argolide « très altérée » ; au loin, « l'Acro- « pole avec ses vénérables murs « cyclopéens ,interrompus par la « porte des Lions ». Ailleurs, « un « lieu solitaire et sauvage, près « d'une gorge qui s'enfonce entre

« le second pic de la montagne
« Eubœa et le flanc inaccessible de
« la citadelle. Les myrtes embau-
« ment parmi les âpres rochers et
« les ruines cyclopéennes. L'eau
« de la fontaine Perseia, s'épan-
« chant d'entre les roches, se re-
« cueille dans une cavité sembla-
« ble à une conque, et de là, elle
« dévale pour aller se perdre au
« fond d'un ravin pierreux. Dans
« l'antique solitude, envahie déjà
« par le mystère de la nuit, on en-
« tend le murmure des sources in-
« tarissables ».

Voici la terre d'Abruzzes, « entre
la montagne et la mer », la nature
sauvage, farouche, où la vie, réti-
ve à toute civilisation nouvelle,
conserve jalousement l'empreinte
du passé ; où se gardent mœurs
rudes et lois brutales, où les coutumes, les rites, les croyances, les
superstitions persistent, et se trans-
mettent religieusement de génération en génération ; c'est la terre
des maisons rustiques, des caver-

nes dans la montagne « ouvertes vers un sentier pierreux », « des tortueuses vallées », « des paysages verts » et « des nuages errants ». C'est la terre du « sang ancien », vibrante d'une race quasi légendaire ,frémissante d'un rythme mystérieux et troublant, exubérante d'une poésie « immortelle comme la glèbe et comme le sang ».

Tels sont les décors, tantôt tendres et caressants, tantôt plus ardents, plus éblouissants, ou bien, austères, impressionnants et terribles, parmi lesquels s'animent et s'agitent les personnages de la « Gioconda », de la « Ville morte », de la « Fille de Iorio ». D'Annunzio peint la nature avec une minutie si pénétrante, si insinuante, il en fait un tableau si saisissant parfois, que nous éprouvons de l'émotion, avant même de connaître le drame. D'ailleurs, il ne se contente point de présenter le décor, une fois pour toutes, mais il

prend soin, depuis la première
scène jusqu'à la dernière, d'en no-
ter, dans les moindres détails, les
modalités, de signaler les méta-
morphoses, les caprices, les élans
ou les réserves de cette Nature,
qu'il veut inséparable de l'action.
Rien ne nous échappe, ni l'éclat
resplendissant du soleil, ni l'or
aveuglant de ses rayons, ni les
teintes infiniment variées, mobiles
et tendres qui font cortège à son
déclin, ni la brise carressante et
tiède, ni le vent inclément précur-
seur de l'orage, ni les nuées épais-
ses qui obscurcissent et alourdis-
sent le ciel. Et, de tout cela, rien
n'échappe, non plus, aux êtres qui
vivent sur la scène ; ils sont im-
pressionnés par les manifestations
naturelles, et si profondément, que
leurs aspirations obéissent, bien
souvent, aux suggestions du dehors, cèdent aux invites extérieures
plus sûrement qu'à leur propre volonté. Dans certaines scènes de la
« Ville Morte », le soleil se mêle

si parfaitement à l'action, qu'il joue un véritable rôle, et, comme d'autres, par leurs expressions et leurs gestes, il exerce sur l'esprit et le corps des personnages une influence animatrice très précise, selon les effets de sa lumière ou l'intensité de ses rayons. Il existe une harmonie constante et intime entre l'état d'âme des personnages et l'atmosphère ambiante, entre leurs attitudes, leurs propos et la Nature qui les enveloppe. Pourquoi ne point citer cet entretien passionné entre Hébé et Alexandre, pendant lequel l'évocation d'un paysage devient une vraie musique, voluptueuse, ardente, qui rythme les phrases et exalte à ce point les âmes que, du dialogue, elle fait un duo d'amour :

HÉBÉ, *comme en rêve.*

« Salone ! Je me rappelle : une baie d'azur, tout échancrée de petites anses secrètes comme des

fonds de coquillage, roses comme
des coquillages vers le soir... Parmi les montagnes caverneuses, entre les rochers, sur quelques ban-
des de terrain fauve, ondoyaient
des épis rares et maigres, où s'en-
tremêlaient des buissons d'herbes
aromatiques... Je me rappelle : un
soir, sur la montagne, le chaume
s'incendia. Les flammes légères
et serpentines couraient entre les
rochers avec la rapidité des éclairs.
Je n'avais jamais vu un feu si allè-
gre et si mobile. La brise nous ap-
portait le parfum des herbes brû-
lées. Toute la mer semblait embau-
mée de menthe sauvage. Des mil-
liers de faucons tourbillonnaient
sur l'incendie, emplissant de leurs
cris tout le ciel...

ALEXANDRE

Ce fut là, ce fut là. Je m'étais
endormi sur le pont, la face tour-
née vers les étoiles, dans une nuit
d'août. A l'aube, le bruit des chaî-

nes dans les écubiers, me réveilla lorsque déjà le navire s'était arrêté. Vous savez à quelle distance le Parnasse répand, même aujourd'hui, la sainteté de son mythe. Vos yeux, ces yeux où ont passé les plus belles et les plus augustes visions de la terre, ont bu certainement la lumière idéale qui, les matins d'été, environne la montagne apollonienne. Couché encore, je ne voyais que les cimes fabuleuses dans la muette pâleur du ciel : mais le chant des coqs m'arrivait des ports : un chant agile et fier d'incessants appels et d'incessantes ripostes qui seuls emplissaient le silence de l'enceinte sublime. Ah ! jamais je n'oublierai les promesses de joie que fit à ma vie nouvelle dans ce lieu et dans cette aube, le chant animateur !

HÉBÉ

C'est vrai, c'est vrai ! Je me rappelle...

ALEXANDRE

Eh bien ! le sentiment extraordi-
naire de cette aube lointaine, je l'ai
retrouvé à l'heure généreuse où je
découvris la puissance qui est en
vous. Vos lèvres étaient immobiles,
mais j'entendais monter de tout votre sang un chant qui renouvelait
ces anciennes promesses.... » (1).

Musique délicieuse dont les no-
tes émeuvent, dont les accords ber-
cent et réconfortent ! Chaque ré-
plique est comme le coup d'ailes
qui porte toujours plus haut l'en-
vol de ce chant d'amour. Mais l'i-
maginerait-on, cette musique, dans
un autre décor, inapte à faire revi-
vre de si voluptueux souvenirs ? Et
de même, on ne comprendrait point
la « Gioconda » enveloppée des
brumes septentrionales, baignée de
teintes grises et mornes, ou la

(1) *La Ville Morte*, acte II, scène I, pages
145 et 146.

« Fille de Iorio » parmi les tamaris, les ajoncs, et les lauriers roses. Cette concordance harmonieuse entre la Nature et les personnages, dispense ceux-ci de tout artifice ; ils se livrent avec la spontanéité que met la plante à croître, la fleur à s'épanouir ; ils sont eux-mêmes, ils sont naturels, comment seraient-ils sans poésie ?

Mais aussi, les sentiments que d'Annunzio choisit et développe, imprègnent l'atmosphère d'une poésie intense. Dans chaque tragédie règne, en despote, l'Amour. Or, quelle autre passion sait mieux pénétrer l'homme, le bouleverser, le meurtrir, mettre à nu ses fibres les plus intimes, lui déchirer le cœur et, anéantissant généralement sa volonté, en même temps qu'elle infuse à ses sens une ardeur nouvelle, autoriser les élans les plus généreux, les enthousiasmes les plus insensés, enfanter de folles espérances, de cruels désespoirs, enlever aux actions sublimes comme elle précipite à l'abîme, nous arracher les chants les plus beaux, les cris les plus déchirants ? Alors, l'homme apparaît dans toute sa grandeur, alors l'homme apparaît dans toute sa détresse, et l'une n'est pas moins magnifique que l'autre, et de l'une comme de l'autre jaillit une poésie violente, âpre, dont la caresse un peu rude bouleverse, mais réchauffe l'âme. Celui que possède une passion sans pitié, est incapable de la déguiser ou de la diriger : ses propos reflètent les inquiétudes qui le troublent, les angoisses qui le torturent ; ses paroles vibrent de l'émotion, presque des palpitations de son cœur; hors de lui, en un paquet brûlant, les sensations sont projetées et les pensées s'échappent avec une si ardente spontanéité que l'expression les moule, sans les déformer. En quels termes Lucio crie son amour pour la Gioconda !

« Sa beauté vit dans tous les

marbres. Cela, je l'ai senti avec
une anxiété faite de regret et de
ferveur, un jour, à Carrare, tandis
qu'elle était à mes côtés, et que
nous regardions descendre de la
montagne ces grands bœufs accouplés qui traînent les chariots char-
gés de marbres. Pour moi, un as-
pect de sa perfection était renfermé
dans chacune de ces masses infor-
mes. Il me semblait que, de cette
femme partaient vers la pierre brute mille étincelles animatrices, comme d'une torche secouée... Nous
devions choisir un bloc. Je me sou-
viens ; la journée était sereine. Les
marbres déchargés resplendissaient
au soleil comme les neiges éternel-
les. De temps à autre, nous enten-
dions la sourde explosion des mi-
nes qui déchiraient les entrailles
du mont taciturne. Jamais je n'oublierai cette heure, quand même je
mourrais une seconde fois... Elle
s'avança parmi la blancheur des
cubes rassemblés, s'arrêtant devant
chacun d'eux tour à tour. Elle se

penchait, examinait le grain avec attention, paraissait explorer les veines intérieures, hésitait, souriait, passait outre. Pour mes yeux, ses vêtements ne la couvraient pas. Une sorte d'affinité divine existait entre sa chair et ce marbre qu'en se penchant elle effleurait de son haleine. Vers elle montait de toute cette blancheur inerte une confuse aspiration. Le vent, le soleil, la majesté des montagnes, les longues files des bœufs accouplés et la courbe antique des jougs, et le bruit des chariots, et la nue qui s'élevait de la mer Tyrrhénéenne, et le vol d'un aigle au plus haut du ciel, toutes les apparences ravissaient mon esprit dans une poésie sans limites, l'enivraient d'un rêve qui n'eut jamais son égal en moi... » (1).

Et toute la volonté de Lucio ne

(1) *La Gioconda,* acte II, scène 1, pages 43 et 44.

triomphera point d'une si redou-
table passion, incrustée dans son
être, qui lui brûle le sang, lui ron-
ge la chair ; il retournera nécessairement, fatalement, vers cette femme, parce que, sans elle, il ne con-
cevrait plus son art, parce qu'elle
représente, pour lui, son art, tout
son art, toute sa vie. Et pareille-
ment, les personnages des autres
tragédies succomberont, entraînés,
emportés à leur fin par par une
force irrésistible, ou s'ils triom-
phent, ils sortiront, mutilés, de la
lutte. Léonard, dans la « Ville
Morte », se consume, pour sa
sœur, d'une passion effrayante,
odieuse : il se purifie en la tuant,
en la sacrifiant. Dans la « Gloire »,
Cesare Bronte, Ruggero Flamma
périssent victime de cette popularité dont ils se sont étourdis, eni-
vrés. Et Aligi, le pâtre des Ab-
bruzzes, quitte sa fiancée, sa mère,
ses sœurs, rompt avec toutes les
coutumes, tous les rites de ses an-
cêtres, afin de suivre dans les ca-

vernes de la montagne sauvage cette Mila, la fille de Iorio, que tous redoutent comme une sorcière, et, pour la sauver, le pâtre Aligi deviendra parricide.

Mais qui donc sont ces personnages ? Il semble que nous les ayons rencontrés déjà... Ne vivaient-ils pas aux temps lointains d'Eschyle ? Shakespeare ne leur confiait-il point ses rôles ? Et ne trouvèrent-ils pas auprès de Racine la plus large hospitalité ? Leur passion ? Mais ce fut celle de tant d'autres, depuis des siècles et des siècles. Elle est simplement humaine. Toujours, elle se manifeste avec une égale tyrannie, nous domine, nous écrase. La loi est fatale : quelque effort que nous tentions, quelque espoir qu'un succès accidentel puisse nous donner un jour, nous subissons nécessairement notre Destin. Et si nous nous attachons avec une telle anxiété au sort d'un Lucio, d'un Léonard, d'un Aligi, c'est que nous sentons

bien quelle affinité intime existe
entre acteurs et spectateurs ; en les
admirant, nous nous admirons ; en
les plaignant, nous nous plaignons,
nous souffrons de leur souffrance,
leur impuissance ressemble trop à
la nôtre, et nous fléchissons, nous
aussi, lorsqu'ils se courbent sous
la dure main de la Fatalité.

De là, cette chaude sympathie
entre les personnages et nous-mê-
mes, de là, cette émotion qui, bien
souvent, nous ébranle, mais de là
aussi, autant certes que du décor
impressionnant ou tendre, autant
que de l'harmonie qui mêle si intimement la Nature et les âmes, autant que des sentiments, dont
l'expression anime tout l'œuvre
dramatique de d'Annunzio d'un
souffle frémissant et tragique, de
là, une poésie singulièrement troublante, infinie, éternelle, comme la
passion, la douleur et l'impuissance des hommes.

UNE VISITE
A ÉMILE VERHAEREN

UNE VISITE

A EMILE VERHAEREN

Ce n'est point dans la brume du pays flamand que j'eus l'honneur de visiter Emile Verhaeren, mais simplement à Saint-Cloud, au second étage d'une coquette maison où le poète des « Forces tumultueuses » passe les mois d'hiver, à l'abri, ou à peu près, des fâcheux, en marge de la vie énervante et angoissante des villes. Comment rendre tout le charme de l'accueil ? Je pénètre à peine, que le maître se précipite, me serre la

main, et toute sa personne me sou-
haite la bienvenue avec tant de
franche cordialité que j'oublie d'ê-
tre intimidé. Aussitôt, je me vois
offrir d'un excellent café qui chauf-
fe doucement sur le poêle, et par
ce jour gris d'hiver, dans cette
chambre enfumée de tabac, où s'é-
parpillent maints bibelots du pays,
vases de cuivre et potiches en
faïence, je m'imaginerais volontiers
vivre une scène d'intérieur d'un
maître flamand, si, vis-à-vis de
moi, une délicate aquarelle de Si-
gnac, aux vives couleurs, ne dé-
tournait mon esprit vers des cieux
plus azurés.

Nous nous sommes assis. Instal-
lé dans son fauteuil, la vareuse
entr'ouverte, le cou dégagé, Ver-
hacren parle, parle beaucoup, de
tout et de tous. De son visage
fin, barré d'une forte moustache à
la gauloise, de toute sa personne
nerveuse et souple, une vie intense, intelligente et bonne, qui éclai-
re et illumine, jaillit. Et cette vie, il

la communique, l'infuse aux êtres
qui l'entourent; je me sens meilleur
près de lui, comme baigné dans
une atmosphère saine, bienfaisan-
te, qui réconforte et fortifie, de laquelle tout artifice est impitoya-
blement banni, où triomphe et resplendit avec éclat, belle, riche, ardente, la Nature, la vraie Nature,
qui a tant de puissance et de candeur. Que de grâce alerte et fraîche dans les moindres gestes, et
comme revivent alors à mon esprit
et à mon cœur les chevaliers du
XV° siècle, délicatement dessinés,
à l'expression tout à la fois naïve
et décidée, d'une poésie chaude,
pénétrante, exubérante de splendeur et de fête, que l'illustre enfant
de Bruges, Jean Van Eyck, a im-
mortalisés. La voix est claire, sincère et prenante ; elle moule scru-
puleusement la pensée : tantôt
sourde, tantôt sonore, très riche en
tons et en nuances, selon la qualité
de l'idée qui l'inspire, elle sait le
secret d'évoquer ; on voit dès qu'on

entend ; et je ne puis oublier quelle sensation de trouble infini j'éprouvai, lorsque Verhaeren prononça, devant moi, le mot « mystère ». Comment dire son enthousiasme, son enthousiasme presque tendre, s'il analyse un beau tableau aimé, ou manie voluptueusement une édition rare ; comment exprimer sa passion de tout ce qui, à un titre quelconque, est une manifestation de cette vie, qu'il dévisage avec audace, qu'il scrute avec ténacité ! Ce prêtre de la Nature ne connaît qu'un dogme, la Vie, qu'un désir, l'aspirer, cette Vie, à pleine âme, à plein cœur, à plein corps, sous toutes ses formes, et la donner aux autres, et les en embellir. N'est-ce pas la vraie mission d'un grand poète, qui considérant les vers comme le moyen d'exprimer naturellement sa pensée, n'en crée que pour donner à son idée une forme matérielle, mais se garde toujours de rimer pour rimer ? J'eus le grand plaisir d'entendre l'auteur de la « Multiple splendeur » lire quelques-unes de ses poésies, et je fus frappé du peu de soin qu'il accordait à cette eurythmie musicale, que nous craignons trop souvent de sacrifier ; lui, n'a d'autre préoccupation que de mettre en relief ses idées, de nous les présenter telles qu'il les a conçues, avec les mêmes liaisons et les mêmes heurts, afin qu'elles ne s'atténuent point en s'exprimant. Ouvrons l'une quelconque de ces belles œuvres, « les Soirs », les « Forces tumultueuses », « la Multiple splendeur », « les Visages de la Vie », relisons cet hymne à l'Arbre, ce chant à la gloire du Vent, suivons les insectes dans leurs jeux variés, qu'un gai soleil illumine, ou bien encore, considérons le Banquier, le Tribun, le Capitaine, leur rôle social et leur influence puissante, tyrannique, qui en fait une force de Vie toujours, c'est la pensée qui impose au vers son rythme, à elle, irrésistiblement. Lorsqu'on a vu le poète, on interprète plus exactement les poésies, lorsqu'on connaît l'homme, on comprend plus intimement l'œuvre, on l'admire et on l'aime davantage.

Tout en regagnant ma demeure, il me semblait que je revenais d'un pèlerinage au Temple de la Vie, je me sentais l'âme plus sereine, le cœur plus ardent ; et spontanément se présentaient à ma mémoire ces beaux vers des « Forces Tumultueuses » :

« *Je marche avec l'orgueil d'aimer*
> [*l'air et la terre,*
D'être immense et d'être fou
Et de mêler le monde et tout
A cet enivrement de vie élémentai-
> [*re* ».

UNE ÉPOPÉE NOUVELLE

« LES RYTHMES SOUVERAINS »

PAR ÉMILE VERHAEREN

UNE ÉPOPÉE NOUVELLE

« LES RYTHMES SOUVERAINS »

PAR ÉMILE VERHAEREN (1).

Verhaeren poète épique ! Après la « Multiple splendeur », une légende des siècles, les « Rythmes souverains ». Les gerbes de vie dont l'épanouissement était libre, hier, fusent, tel un jet lumineux, droit à l'Idée qui les discipline et les relie ; et, comme la pensée bondissante revêtait une forme exa-

(1) Un vol. in-18, édition du *Mercure de France,*

cerbée, ainsi le classique alexandrin rythme, presque toujours, une conception plus calme, plus sereine, plus harmonieuse.

Lorsqu'on connaît la fervente passion de Verhaeren pour les manifestations de la Vie, on ne s'étonne point de l'entendre chanter ces gestes héroïques, qui portent en eux, à travers les âges, les désirs, les aspirations, les ivresses des hommes, représentent, symbolisent, « rythment souverainement » les ardeurs et les croyances d'une époque ou d'une race. De l'antiquité à la Renaissance, voici Hercule, Persée, Saint Jean et la religion chrétienne, les Barbares, la Croisade, Michel-Ange, Martin Luther. Puis, brusquement, le poète abandonne les épisodes de la mythologie ou de l'histoire, pour célébrer les rythmes sociaux des temps modernes, comme la science habile et sûre de l'homme d'Etat à dompter une assemblée, l'esprit d'aventure et de révolte qui darde la cité vers l'avenir, la poussée irrésistible d'une foule en délire, ou bien le despotisme de l'or, enfiévrant ports, gares, usines, de toute l'avidité déchaînée de l'homme.

Tenter une légende des siècles, après Hugo, ne manque point dé hardiesse ; entreprendre une épopée, si l'on s'appelle Verhaeren, peut paraître téméraire. Or, les « Rythmes souverains » sont une œuvre très neuve, et, tout en demeurant épique, extrêmement verhaeronienne. On ne saurait contester ni la nouveauté des poèmes consacrés à la vie moderne, industrielle, parlementaire, ni l'originalité des légendes anciennes, entièrement modifiées, comme celles d'Hercule et de Persée, ou même créées, dans « Saint-Jean » et « Michel-Ange ». Mais aussi, Verhaeren évite, tout le temps, et sûrement, l'écueil presque inévitable d'une épopée, le développement en marge du sujet, la dissertation verbeuse qui fait dévier la pensée.

Pas un instant, dans les « Rythmes souverains », l'idée inspira-
trice ne fléchit, ne s'égare ; aucun
vide, aucune fissure ; elle se sou-
tient, se hausse, s'élève, par un
mouvement d'ascension ininterrom-
pue, et, en quelque sorte, sans vertige. La pensée dirige le vers, le
mâte, l'étend ou le brise à son gré;
elle s'impose à lui, toujours, ne le
subit jamais : qualité essentiellement verhaerenienne ! Le vers n'est
que l'expression naturelle d'une
pensée vivante et impérieuse. De
là, ce rythme, peu saccadé, harmonieux le plus souvent, puisqu'au
sujet du nouveau volume sied l'ampleur et la majesté, mais toutefois,
par moments, et dans chaque poème, plus précipité, plus heurté, dès
qu'il faut rendre l'exaspération des
chocs, des bonds, des ruts et des
violences aveugles. S'il était per-
mis de comparer à quelqu'autre,
un poète dont le tempérament porte
une marque si personnelle, je di-
rais volontiers que le lyrisme de

Verhaeren évoque celui de Pindare, par la variété et la hardiesse
de l'inspiration, la couleur et l'éclat de la forme qui la traduit.

Toutes les légendes des « Rythmes souverains », miroitantes d'images luxueuses ou intrépides,
commandent l'admiration ; il en est
une, la première, qui séduit en même temps, notre cœur. Verhaeren
inaugure son épopée par une description du « Paradis ». Sans doute, l'idée n'est pas nouvelle, mais
nul n'avait exprimé avec cette magnificence, cette fastueuse beauté,
l'éveil de la vie humaine, nul n'avait crié, avec cette fierté rutilante, toute la puissance merveilleuse
et fatale de la Nature. Par une nuit
étoilée, au sein de ce Paradis dont
l'eurythmie, candide encore, resplendit en des vers d'une fraîcheur,
d'une limpidité exquises, prodigieuse symphonie de vibrations
accordées, Adam et Eve, irrésistiblement, s'unissent et s'aiment...
Alors seulement, chacun prend

conscience de sa force, de sa mission, de sa destinée : l'homme entrevoit les âpres recherches, les rudes labeurs, et dans le flanc fécondé de la femme commencent à palpiter les douleurs, les deuils, les détresses sublimes... De ce chant tant de sève glorieuse rayonne, tant de triomphante tendresse jaillit, que je l'aime, non plus comme un poème, mais vraiment comme un être. Il m'émeut, par la ligne robuste et svelte de son beau corps, la morsure brutale ou l'étreinte caressante de ses vers ; j'aime son exaltation farouche de la Nature, les misères, les passions, les folies en germe dans son halètement, la Vie, aux remous tumultueux et souverains, qui le tourmente, l'illumine et l'embrase. On sent en lui comme la gestation de cette ferveur humaine dont l'épopée sera la flamboyante apothéose, tandis qu'il déploie sur toute l'œuvre sa grande aile d'or frémissante et altière.

Je ne fais point une étude des

« Rythmes souverains ». D'autres diront la vigueur brûlante de la pensée, le lyrisme exubérant du rythme, la splendeur sans cesse renouvelée des images ; mais j'ai voulu m'incliner, avec admiration, devant l'une des œuvres les plus belles de l'esprit humain.

L'INTÉRÊT DRAMATIQUE

DU

THÉATRE DE MAURICE MAETERLINCK

L'INTÉRÊT DRAMATIQUE

DU

THÉATRE DE MAURICE MAETERLINCK

Le théâtre de Maurice Maeterlinck apparaît essentiellement mystérieux : tout y est volontairement imprécis, vague, inquiétant... Mystère en tout... Mystère partout... L'époque ? Mystérieuse presque toujours ; le lieu de l'action ? Mystérieux aussi : souvent, quelque vieux château, que nous soupçonnons complice de secrets tragiques ; les personnages ? Mystérieux encore ; « somnambules un peu sourds, constamment arrachés à un songe pénible » écrit l'auteur dans la préface, en désignant les héros de la « Princesse Maleine » ; mais que d'autres mériteraient d'être ainsi qualifiés ! Mystérieuse enfin, l'action même du drame : jamais nous ne savons ce qui va se passer ; nous demeurons toujours dans l'attente d'un évènement, que nous pressentons grave, terrible, affreux, mais dont la forme nous échappe, et cette anxiété nous rend angoissés, haletants, comme si notre sort, à nous, était en jeu.

Ainsi, dans la « Princesse Maleine », l'un des drames les plus impressionnants de Maurice Maeterlinck, l'atmosphère « sent la mort ». Elle ne plane pas seulement sur nous, cette mort, elle nous frôle ; mais, à quel moment accomplira-t-elle son œuvre, et comment, mystère. Les évènements se précipitent, terribles dans leur simplicité, et nous étourdissent un peu.

Nous devinons à peine l'odieux projet de la reine Anne, à l'égard de la princesse Maleine, que déjà, nous la devons suivre dans le corridor qui mène à la chambre de la petite victime ; son complice, le vieux roi Hjalmar, entraîné malgré lui, hésite, n'ose pas entrer... Est-ce le salut de l'enfant ?... Non, ils pénètrent... Elle est couchée, la petite princesse, faible, malade, elle a peur, elle supplie... la reine Anne lui passe un lacet autour du cou, tire, l'enfant est morte. Qu'en faire ?... L'emporter ?... L'orage gronde dehors, le vent fait rage, la lumière s'éteint, et le vieux roi tremble, refuse de toucher au cadavre. Mais le temps presse... on peut venir... on vient... S'ils sont découverts ?... On n'est pas entré... les pas s'éloignent... les assassins peuvent s'enfuir. Situation dramatique ! Nous avons peur, nous aussi, nous tremblons avec la petite princesse, nous tremblons avec le vieux roi, plus victime certes qu'assassin. L'acte suivant est lourd encore de mystère : quel nouveau malheur nous menace ? Car la mort n'a pas achevé son œuvre, on la sent tout près, inassouvie... Sa victime ? Sans doute Hjalmar, que le remords torture, qui retrouve son crime partout, dans toutes les manifestations de la nature, dans tous les propos de ceux qui l'entourent ? Mais la reine Anne tombe sous les coups du jeune prince Hjalmar, qui aimait la petite Maleine ; lui-même se donne la mort ; le vieux roi, seul, reste debout.

Même mystère tragique dans « L'Intruse ». L'aïeul est aveugle, ses enfants et petits-enfants l'entourent ; dans une chambre voisine, sa fille, malade, reste couchée. La conversation paraît gênée, inquiète ; l'aïeul le sent, il s'informe, il a peur... Sans doute on lui cache un malheur... les moindres mouvements, les changements d'intonation, les silences surtout, il les interprète comme autant de signes de ce malheur ; on le calme, on le rassure, mais quelle anxiété contenue trahissent les voix ! Est-elle déjà morte, la fille ? Seulement très malade ? Pourquoi le lui cache-t-on ?... Puisqu'il ne peut voir, qu'on lui révèle donc la vérité... Et l'angoisse de l'aïeul se fait nôtre ; nous non plus nous ne sentons pas nos appréhensions endormies, par des propos, dont la sobriété impressionnante et l'allure inquiète semblent dissimuler mal la présence, parmi nous, de la mort, de l'intruse. — Et comment rendre la vision déchirante de la mort de Tintagiles, cet enfant ravi à la tendre surveillance de ses sœurs, par une servante qui va le tuer ? Elle l'emporte, mais le petit peut se dégager, revient sur ses pas, en criant ; à son appel, l'une de ses sœurs, Ygraine, se précipite... ils vont se rejoindre... Tintagiles sera sauvé !... Entre eux, une porte de fer se dresse... aucune clef ; l'enfant prie, supplie, car déjà les pas résonnent, de la servante qui revient... Mais voici une fente dans la porte !... la lumière d'Ygraine s'éteint... l'obscurité est complète. Ygraine pousse la porte, essaie de l'ébranler, s'épuise en vains efforts, et les pas se rapprochent, et Tintangiles supplie, supplie; qu'on puisse « ouvrir un peu... un petit peu... car il est si petit!...» Mais la porte ne cède pas, les plaintes de l'enfant se font plus faibles, la servante a dû le saisir... on entend la chute d'un petit corps... Ce drame poignant nous remue profondément, nous fait mal, nous crispe ; si seulement nous pouvions l'ébranler, cette porte, derrière laquelle on tue un enfant ! De telles esquisses, rapides et sommaires, peuvent néanmoins donner quelque idée de la puissance dramatique, à laquelle atteignent les pièces de Maurice Maeterlinck, grâce au mystère qui pèse sur l'action, source pour nous, d'intérêt passionné toujours, d'angoisse souvent.

Cependant, s'il est vrai que l'intérêt dramatique du théâtre de Maeterlinck provient du mystère, en particulier du mystère quant à la marche et à la succession des évènements, est-ce là une raison suffisante pour expliquer, sinon cette violente émotion, du moins l'angoisse qui nous étreint ? Comment admettre que des personnages mythiques et légendaires possèdent le secret d'ébranler si complètement tout notre être, alors que tel autre drame, aux péripéties plus vraisemblables encore bien que plus enchevêtrées aussi, n'excitera, en nous, qu'une curiosité inquiète ? Faut-il donc croire que l'ignorance seule, où nous demeurons, des modalités de la pièce, soit capable de communiquer un effroi si fatal ? Ou plutôt, ne convient-il point de rechercher si cet effroi ne doit pas son origine à quelque cause moins superficielle, plus profonde, à quelque cause, qui emprunterait à son caractère philosophique cette

autorité qui nous asservit et presque nous affole ? Quelle est-elle,
cette Force mystérieuse, dont les
caprices défient tout effort, dont les
arrêts ne souffrent aucun appel,
quelle est-elle, sinon la Fatalité, la
Fatalité antique, l' «'Ανάγκη », res-
suscitée du théâtre grec, qui règne
par tout le théâtre de Maeterlinck
en despote impitoyable ? Dans chaque drame, nous la sentons, alour-
dissant l'atmosphère, et guettant sa
proie, prête à laisser choir, d'un
instant à l'autre, sa main de sang
sur l'une de ses délicates victimes.
Car elle apparaît, toujours, cette
Fatalité, sous les traits de la Mort,
et si, parfois, comme dans « Pelléas et Mélisande », comme dans
« Aglavaine et Sélysette », il semble un moment que l'Amour puisse
triompher, vite elle reprend ses
droits, et alors, son action se fait
plus brutale, plus sauvage encore :
brutale et sauvage, elle le devient
d'autant, que ses victimes témoi-
gnent d'une simplicité, d'une grâce

plus touchante. Chez les tragiques
grecs, si la Fatalité impose sa volonté impitoyable, du moins les
êtres qu'elle frappe se redressent,
se révoltent, luttent, pour se sous-
traire au Destin : c'est Oreste, c'est
Œdipe, c'est Ajax... Dans le théâtre de Maeterlinck, qui voyons-
nous ? Des personnages, tendres et
faibles, qui ne disposent, pour toute défense, que d'un charme infini,
dont les pensées, inspirées le plus
souvent par les impressions du
moment, se traduisent, se trahissent aussitôt avec une délicieuse
candeur, comme si leur jeune âme
se sentait trop fragile pour les retenir. Ils sont exquis, ces personnages, avec leurs airs de marionnettes effarouchées de vivre, leur
gentille gaucherie, leur innocence
craintive et constamment inquiète,
leur naïveté touchante ; ce sont
de vrais Primitifs : la princesse
Maleine, Alladines, Palomides, Sélysette n'évoquent-ils point certaines figures des maîtres du XVIᵉ

siècle ? Et les scènes d'amour entre Pelléas et Mélisande, d'une
tendresse si spontanée, si jeune,
si fraîche, d'une poésie si caressante, si enveloppante, si inno-
cemment voluptueuse, ne nous
communiquent-elles pas une émotion rappelant un peu celle que
nous inspire telle composition de
Botticelli, par exemple, d'une exu-
bérance candide et pénétrante ? Et
ce sont de tels êtres, gracieux, dé-
licats, frêles et impuissants tque
la Fatalité marque de sa griffe pe-
sante, c'est sur eux qu'elle s'achar-
ne, et la Mort les moissonne sans
merci ! Comment l'auteur qui abandonne à une destinée inexorable,
des victimes aussi propres à nous
attendrir, ne créerait-il pas une atmosphère à ce point tragique qu'elle nous met mal à l'aise, nous
étreint et nous oppresse ?

Mais on méconnaîtrait la pensée
de Maeterlinck, si l'on ne voulait
voir aux prises avec la Fatalité,
que les personnages déterminés du

drame, que des types isolés, en marge de la vie humaine. Le théâtre de Maurice Maeterlinck possède autrement d'ampleur ; une idée générale autrement riche et féconde l'anime de son souffle puissant : les petits êtres tendres qui succombent dans chaque drame, ne sont pas une fin, mais des moyens ; ils jouent le rôle de symboles. Ce que Maeterlinck veut nous enseigner, c'est combien l'humanité tout entère est impuissante contre la Fatalité qui doit la terrasser, combien inutile sa résistance, combien vains ses efforts. Nous tous, quoi que nous tentions, nous subirons le sort de la princesse Maleine, de Tintagiles, de Sélysette, lorsque notre heure aura sonné, et aucune force humaine, aucune, n'aura la vertu de vaincre cette Force surhumaine et mystérieuse, la Mort. Nous comprenons mieux encore maintenant, comment l'angoisse de ces petites victimes peut devenir la nôtre, nous avons trop le pressentiment qu'un jour viendra où notre sort ressemblera au leur, où il nous faudra nécessairement succomber sous les coups de la Fatalité. Et il semble que la scène atroce de la porte, dans la « Mort de Tintangiles », ait plus que toute autre, le pouvoir de nous faire sentir intimement et cruellement toute l'absolue impuissance de l'humanité vis à vis de la Mort. Une œuvre théâtrale n'est appelée à durer, que si elle repose sur une idée qui puisse s'appliquer à tous les temps, à toutes les époques, à toutes les générations, qui soit propre à tous les siècles, à tous les hommes, qui apparaisse profondément vraie, véritablement humaine. C'est parce qu'ils s'inspirent de cette idée, que les drames de Maeterlinck ont tant de puissance et de tragique beauté.

On ne saurait, sans injustice, négliger d'accorder, dans cette étude, un hommage particulier à « Intérieur », ce pur chef-d'œuvre. *Intérieur* est un petit drame d'une philosophie profondément triste, cruelle même, d'une poésie un peu âpre, d'une beauté tragique et poignante. La mise en scène ? Très simple. Un vieux jardin ; au fond, une maison, dont le rez-de-chaussée reste éclairé ; on aperçoit, dans la chambre, une famille, groupée autour de la lampe, le père, la mère tenant son petit garçon endormi, deux jeunes filles, tous personnages muets. Un vieillard et un étranger pénètrent dans le jardin ; ils évitent d'être vus, causent avec précaution, ils sont inquiets... ils observent la famille qui veille, anxieux si les jeunes filles s'approchent des fenêtres, si le père fait un geste... ils veulent entrer dans la maison... ils hésitent... ils n'osent pas... on dirait qu'un poids pèse sur eux... Mais, cette jeune fille dont ils parlent avec émotion... Alors, c'était leur fille à eux, à ces parents si calmes sous les rayons de la lampe ?... Ils ne l'attendent que le lendemain, nulle inquiétude... leur attitude est celle de gens heureux. Comment leur apprendre l'affreux malheur, annoncer que la jeune fille s'est noyée, est morte ?... Le vieillard va entrer... il n'en a pas le courage ; et cependant, bientôt, dans un instant peut-être, les paysans seront là, avec le corps de l'enfant... Mais ils sont trop calmes, eux, trop tranquilles, trop confiants ! Comment dire une si terrible nouvelle à des êtres qui semblent défier la mauvaise fortune ? Toutes les précautions, ils les ont prises, « ils se croient à l'abri, dit le vieillard, ils ont fermé les portes, et les fenêtres ont des barreaux de fer... ils ont consolidé les murs de la vieille maison... ils ont mis des verroux aux trois portes de chêne... ils ont prévu tout ce qu'on peut prévoir... » Oui, ils ont prévu tout ce qu'on peut prévoir, mais ils n'ont pas prévu que la Fatalité les avait marqués, et, tandis qu'ils s'imaginent en sûreté, derrière leurs murs, déjà la mort est parmi eux, chez eux... Quelle scène plus impressionnante que celle de cette famille, qui veille, là-bas, insouciante, pleine de confiance et, sans doute de bonheur, alors que nous tous, ici, acteurs, spectateurs, lecteurs, nous connaissons l'affreux malheur qui vient de s'abattre sur elle ! Mais voici les paysans... on les entend... ils portent la jeune fille, et si le vieillard tarde à entrer, c'est par eux que les parents sauront la vérité... Il va entrer... Nous le voyons qui frappe à la porte... Etonnement dans la maison ; le père se lève, ouvre, le vieillard s'avance dans la pièce, il s'assied... parle-t-il déjà ? Nous sommes haletants... A-t-il parlé ? Pas encore... Mais la mère tressaille, se lève, l'interroge avec angoisse, il prononce quelques mots, sans doute, car tous se dressent et le regardent anxieusement... Le vieillard a incliné lentement la tête...

— Une analyse ne saurait commu-

niquer qu'une impression bien incomplète de ce drame, dont tous
les détails, d'une sobriété remarquable, d'un naturel parfait, concourent à sa beauté, à sa noblesse
et accentuent son caractère singulièrement tragique.

Nous avons essayé, dans cette
petite étude, de mettre en lumière
le ressort dramatique du théâtre de
Maurice Maeterlinck ; nous avons
montré quel rôle il convient d'attribuer au mystère, et comment l'appréhension presque constante d'une Force méchante et implacable,
rend ce mystère plus attachant et
plus troublant. Sans doute, pour
avoir tenté de disséquer des sensations de vertige, ceux-là nous traiteront de profane, qui préfèrent demeurer toujours, par l'effet de
l'imagination, la proie du courant
irrésistible auquel ils ont dû céder ;
à les entendre, un sentiment aussi
violemment tragique, et mystérieusement tragique, perd son charme,
tandis qu'on l'examine de sang-

froid ; ils savourent une jouissance plus âpre à rester étourdis, sans savoir, avec précision, d'où leur vient l'étourdissement. Mais nous pensons que rechercher pourquoi l'on s'émeut, pourquoi l'on se trouble, pourquoi l'on se sent l'âme douloureuse, et tout l'être angoissé, a bien son charme aussi ; et que nous n'éprouverons pas de sensations moins tragiques ni moins pénétrantes, pour nous être inquiétés des raisons qui les pouvaient produire.

DEUX DRAMES D'OSCAR WILDE

DEUX DRAMES D'OSCAR WILDE (1).

Le 30 novembre 1900, Oscar Wilde s'éteignait en un hôtel meublé de la rue des Beaux-Arts. Il y a seulement dix-huit mois, neuf ans après sa mort, fut publiée une traduction française des deux drames qu'il composa dans sa jeunesse, « Véra ou les Nihilistes », « la Duchesse de Padoue » (2). Dès

(1) Oscar Wilde, Théâtre, I. *Les Drames*, traduction d'Albert Savine, chez Stock.
(2) *Véra* (1882), et la *Duchesse de Padoue* (1883), furent publiées en Amérique, à un nombre très restreint d'exemplaires.

1893, un acte fameux, « Salomé »
dont on ne saurait dire s'il doit à
l' « Hérodias » de Flaubert plus
d'illustration qu'à la musique de
Richard Strauss, fut édité, en notre langue, avant même de paraître en anglais. Mais nous connais-
sions surtout le romancier du
« Portrait de Dorian Gray » et le
conteur fantastique ; voici qu'on
nous présente le dramaturge : la
mémoire de Wilde y gagnera-t-elle?

Lisez « Véra », lisez « la Duchesse de Padoue », vous oubliez
presque le sujet et les personnages, tant vous vous sentez l'esprit
tourmenté, harcelé, envahi, hanté
de tous les souvenirs dramatiques
et mélodramatiques du siècle dernier, depuis Ponsard, jusqu'à Vic-
tor Hugo, en passant par Dumas
père ; si pressante se fait votre
hâte de rechercher parmi les titres
qui vous obsèdent, quelle pièce une
fortune, à tout le moins inattendue,
vous propose, non sans quelques
variantes, sous la plume d'Oscar
Wilde...,

Nous ne prétendons, d'ailleurs,
nullement que la donnée des drames rappelle, à s'y méprendre,
une donnée antérieure ou contem-
poraine, ni que l'action soit con-
forme strictement à cette autre,
dans son développement et sa con-
clusion. Wilde ne calque point la
charpente brute de sa pièce ; telles
combinaisons, tels accidents lui ap-
partiennent en propre, et personne
ne songera à lui en contester la
paternité. A la vérité, avions-nous
rencontré, déjà, parmi des conspirateurs, ce jeune tzarevitch, con-
converti aux idées nihilistes, l'a-
vions-nous vu se dresser contre son
père et frôler la geôle, puis suc-
céder au tzar qu'une balle révolu-
tionnaire a mortellement atteint,
cependant qu'une intrigue d'amour
le rapproche de la nihiliste Véra,
la farouche Véra, laquelle, dési-
gnée (ô étrangeté du sort !) pour
assassiner le nouveau souverain,
manque de cœur lorsqu'elle l'entend affirmer son amour du peuple

et pense sauver la Russie en se poignardant ?... Certes, tout ce fatras nous était inconnu, mais considérons la scène de l'acte III, où les conspirateurs jurent de tuer le tzar oppresseur, reportons-nous au quatrième acte d' « Hernani » et convenons que la réunion des conjurés, pendant laquelle se décide la mort de Carlos a quelque peu déteint, et sans avantage, sur celle des nihilistes. D'ailleurs, Hugo partage avec Ponsard l'honneur d'inspirer Oscar Wilde, car, encore qu'une cause différente les provoque, comment oublier les angoisses de Charlotte Corday, au moment de porter à Marat le coup mortel, lorsqu'on surprend l'émotion violente, presque la défaillance de Véra marquée pour l'assassinat du jeune tzar qu'elle aime ?

Inconnue aussi, cette Béatrice, meurtrière de son époux, le tyran de Padoue, pour l'amour d'un Guido qui le lui reproche aussitôt ; laissant alors condamner son

amant, l'accusant même du crime,
par ressentiment, puis le visitant
dans sa prison, pour s'empoisonner devant lui. Et, cependant, l'â-
me d'Angelo ressuscite par tout le
drame ; certes, le duc meurt, victime de sa femme, tandis que chez
Hugo, il ordonne de la faire périr,
mais c'est le même podestat, tyrannique, détesté et trompé. Quant à
la scène finale entre Béatrice em-
poisonnée et Guido, qui se poi-
gnarde sur le corps de sa maîtres-
se, elle évoque, quelle misérable
évocation ! la belle mort de Dona
Sol et d'Hernani.

Mais négligeons ces rapproche-
ments de scènes : incontestable-
ment, l'allure générale des drames
de Wilde, et, qu'on nous permette
le terme, leur facture sent un romantisme du plus mauvais aloi.
Wilde ne se gêne point pour employer des procédés infiniment usés
de cette école, il se plaît à rééditer
des situations banales, démodées,
il recherche l' « effet » par des

moyens grossiers et tapageurs :
tentures mystérieuses, portes dé-
robées, arcanes imprégnés de
meurtre, éclair d'un poignard dans
l'ombre... Ah, certes, si le drame
s'appelle « Othello », « Hamlet »,
« Macbeth », on tremble, on fré-
mit, parce qu'on perçoit le halètement d'une grande passion humaine ; même qu'il s'agisse de « Chris-
tine », « d'Henri III et sa Cour »
toute la verve empanachée d'un
Dumas dissimule bien des sentiments creux, voile bien des mala-
dresses. Et l'on pardonne au poète
de « la Légende des Siècles » certaines défaillances de l'auteur dramatique.

Mais Wilde ? Quelles sont ses
circonstances atténuantes ? Encore
si cette cohorte insolite d'épisodes mélodramatiques, si toute cette dépen-
se, toute cette débauche d'une imagination paradoxale et faussée,
parvenait à nous émouvoir ! Mais
non, aucune émotion, pas même de

l'intérêt... Ils peuvent se trahir, se menacer, s'entre-tuer, se sacrifier, les personnages de Wilde, notre sang-froid persiste, et nous opposons une solide indifférence à tant de tumultueux pathos. Car, il n'existe pas dans ces drames une seule scène « vivante » ; les évènements s'y juxtaposent, comme les phrases, comme les mots, amorphes, atones, incolores, et leurs huit actes ressemblent à huit jours de pluie. Voyons-nous des personnages s'animer, s'agiter, s'exaspérer, et nous donner l'impression pénétrante de la réalité ? Seulement des marionnettes, qui obéissent à un fil invisible... Où est leur pensée ? Où, leurs sentiments, leur haine, leur amour ? Où cette passion qui fait saillir un être, le projette et décuple sa force en même temps qu'elle l'anéantit ? Leurs propos, leurs actes n'expriment point toute la sève de la vie intérieure, la seule vraiment riche, féconde et variée ; ils défilent, monotones et fades, aux sons d'une rhétorique fanfaronne et prétentieuse ; aucun accent sincère, intime, aucun « cri du cœur », des mots, des mots, encore des mots aussi vides que bruyants : le triomphe du plus pitoyable romantisme ! Ecoutez Véra la « prêtresse de la liberté », « la flamme de la révolution », « la torche de la démocratie », écoutez-la :

« O liberté, ô puissante mère de l'Eternité, ta robe est pourpre du sang de ceux qui sont morts pour toi ! Ton trône, c'est le calvaire du peuple, ta couronne, c'est la couronne d'épines. O mère crucifiée, le despote a enfoncé un clou tans ta main droite, et le tyran un autre dans ta main gauche. Tes pieds sont percés par leur fer. Quand tu avais soif, tu as appelé les prêtres de tes cris, pour avoir de l'eau et ils t'ont donné une boisson amère. De siècle en siècle, ils t'ont raillée dans ton agonie. Ici, sur ton autel, ô liberté, je me consacre à ton service. Fais de moi ce que tu voudras. (Brandissant le poignard.) Maintenant la fin est venue, et par tes blessures sacrées, ô mère crucifiée, ô mère crucifiée, ô liberté, je jure que la Russie sera sauvée » (1).

Quant à la dernière scène entre Béatrice et Guido, dans la « Duchesse de Padoue », elle serait digne d'une reproduction intégrale. Béatrice vient de s'empoisonner, son amant le sait, l'entretien doit devenir poignant... Or, nous oublions presque la situation tragique tant leurs propos trahissent peu d'angoisse, peu d'émotion, tant ils paraissent insignifiants et ridicules, et l'on a l'impression que la scène n'en finira jamais ! « Maudites étoiles, s'écrie Guido, dissolvez en larmes votre scintillement et dites à votre mère, la lune, qu'elle pâlisse cette nuit. » Voilà bien le rugissement de l'amour, en

(1) *Véra ou les Nihilistes*, fin de l'acte III.

présence d'une femme qui s'empoisonne pour vous !

L'auteur qui oublie que presque tout l'intérêt dramatique jaillit des personnages, de leur vie intérieure, de l'évolution des sentiments, du conflit des passions, des luttes qui les tenaillent, les déchirent, que de ces conflits, de ces luttes même doivent naître les situations, l'auteur qui néglige cette règle essentielle, ce dogme, non seulement du théâtre mais de toute œuvre littéraire destinée à durer, pour aligner des combinaisons de faits issues de son cerveau, parmi lesquelles il pique et dispose, avec fantaisie, quelques silhouettes, un tel auteur nous autorise à écrire de ses pièces qu'elles offrent assez heureusement la sensation du cinématographe.

Alonrdis, étouffés de scènes empruntées trop souvent au théâtre des autres, parfois étranges, invraisemblables, mais construites, invariablement, avec des matériaux

ruinés et moisis, cousus d'artifices
pillés sans vergogne et de rodo-
montades fanées, fouettés d'un
souffle qui porte comme un relent
du romantisme le plus rance, tels
apparaissent les drames d'Oscar
Wilde. Et, si les lettrés perdirent
un causeur délicieux, un conteur
qui savait envelopper ses parado-
xes d'un esprit pénétrant et charmant, certes, il n'y eut pas, le jour
de sa mort, un auteur dramatique
de moins.

LE BLUFF LITTÉRAIRE

LE BLUFF LITTÉRAIRE

Automobiles, aéroplanes... Nous vivons dans une atmosphère enfiévrée, peu propice à la lecture et au recueillement. Trop de gens abdiquent leur droit de juger, pour s'en remettre à d'autres du soin d'apprécier les œuvres littéraires. Et nous assistons au développement d'une véritable industrie de maîtres-chanteurs, qui, à force de réclames, lancent un roman, une pièce, un auteur, comme ils feraient d'une valeur de bourse, et prétendent les imposer au public par des procédés rappelant ceux des établissements financiers à la veille de quelque emprunt. Le talent de l'homme de lettres ? Peu importe. Mais son nom jouit-il d'une certaine notoriété dans les cénacles mondains, est-il complaisant à l'interview, aimable devant l'objectif, lauréat d'un groupement fameux, ou mieux encore, membre de l'une de ces brillantes Académies dont la France s'honore, alors, à coups de publicité par les journaux et revues, un médiocre barnum peut mettre son « sujet » en relief avec autant d'aisance qu'une modiste sa nouvelle forme... L'un et l'autre tiennent boutique ; grâce à eux, telle pièce « se porte » un hiver... tout comme les grands chapeaux ; et le public suit, s'exalte : il est lâche et vil.

Cette lâcheté du public, sa nonchalance au moindre effort pour réfléchir et se composer une opinion, expliquent aussi la vogue singulière des conférences. Il conviendrait sans doute de remonter jusqu'à la décadence romaine, pour en découvrir semblable poussée. La lecture exige toujours un petit travail de pensée personnel ; combien plus agréable d'écouter un Monsieur qui vous apporte des idées déjà élucidées, vous propose des théories et des conclusions qu'on n'a pas dû élaborer ! Que sa voix paraît douce à l'indolence de l'auditoire ! Et puis, la causerie devient vite prétexte à rendez-vous mondains ; nos élégantes sont deux fois heureuses d'exposer leurs parures en une réunion dont la frivolité ne fait point tous les frais, les hommes s'épuisent en bel esprit et Trissotin baise la main de Madelon... Quant aux conférenciers, leur tâche n'est nullement ingrate ; à défaut de compétence spéciale, une parole facile et rompue aux artifices de la plus exquise urbanité, leur permet de dire, en une heure, suffisamment de choses gracieuses pour obtenir un charmant succès. Aussi, voyons-nous des hommes issus des milieux les plus divers, occupant les situations les plus variées, et qui ne semblaient guère destinés à instruire leurs concitoyens, se ruer à l'assaut de la chaire et s'improviser conférenciers. Jadis, une élite particulièrement qualifiée, professeurs, avocats, hommes de lettres, détenait le privilège de parler en public ; aujourd'hui chaque français se sent en mal de conférence... et conférencie : l'acteur, entre deux répétitions, le sportman, retour d'Auteuil, le snob, avant de conduire son cotillon, le charlatan dont les compliments et sourires sont aux nerfs des jolies auditrices, merveilleuse panacée. Et les échoppes du Pont-Neuf ressuscitent entre quatre et sept sur les scènes des théâtres parisiens !

Cependant, tandis que tant d'individus médiocres battent le rappel en faveur de tant d'œuvres médiocres, et s'emploient, inconsciemment en vérité, à égarer le pu-

blic, d'autres travaillent, sans souci
de la vaine popularité, du bluff et
de la surenchère. Ils ne sont guère
connus que de leurs amis, appré-
ciés que de leurs fidèles ; le bou-
levard et les salles de conférences
les ignorent. Mais leurs œuvres
grandissent dans une atmosphère
saine et vivifiante, jusqu'au moment où, fatalement, elles rayonne-
ront sur le monde, et alors, depuis
quels temps, celles dont l'éclat bril-
la plus lumineux un jour, ne se-
ront-elles que fumée !

EN AUTOMNE, AU PARC
DE VERSAILLES

EN AUTOMNE, AU PARC DE VERSAILLES

C'est en automne qu'il faut visiter le parc de Versailles... Alors, les arbres commencent leur toilette pour l'hiver et mettent une coquetterie à se parer des nuances les plus variées et les plus tendres, des teintes les plus changeantes, les plus mobiles, les plus subtiles, un peu comme ces femmes qui, à l'aube de leur déclin, s'ingénient, par maints artifices, à briller d'un suprême éclat. A côté du peuplier encore chaud de la sève estivale, voici des marronniers rouillés, d'autres dorés, ou jaunis, dont les feuilles tombent, lasses, et tombent infiniment... Ou plutôt elles ne tombent pas, elles descendent : avec une grâce langoureuse, tout en planant, elles viennent à nous et se posent délicatement sur le sol, qui, bientôt, en est tapissé. Oh, laisser ses pieds s'égarer parmi elles, les caresser et les froisser, et les fouler avec avidité et volupté, et les entendre se tordre, gémir, sous l'étreinte ! Ah ! quelle âpre jouissance, à meurtrir des parcelles de cette Nature, qui, sans cesse fait peser sur nous sa loi tyrannique, à la dompter à notre tour... Mais que de fièvre dans un désir, que de rage dans une révolte, qu'il nous faudra, un jour, expier !

A Versailles, il semble que la Nature ne s'affaisse point avec la même brusquerie qu'ailleurs... Comme si elle se souvenait du faste grandiose d'autrefois, elle décline avec distinction, se dépouille avec majesté : elle est grande dame. On l'offenserait, en lui accordant de la pitié ; car comment la soupçonner de déchoir, lorsqu'elle apparaît si sûre d'elle-même, si fière de sa puissance, de son charme, de sa vie intense ? Pour l'entendre palpiter, arrêtons-nous, écoutons le silence... Le silence du Parc de Versailles ! Qu'il est infini, qu'il est émouvant, angoissant et comme peu à peu, on le sent respirer, s'animer et vivre ! Et quelle vie, quelle vie riche et exubérante de tout le passé, éclatante, resplendissante de danses enguirlandées, de musiques et de fêtes, mais aussi combien troublante, de désirs, de regrets, d'appétits inassouvis, d'espérances déçues, de drames intimes et douloureux ! Et voici que, tout à coup, les pelouses se peuplent de belles dames et de galants chevaliers, riant, chantant et jouant, tandis que, là-bas, au détour d'une allée solitaire et obscure, un couple, puis un autre, puis un autre encore apparaissent pour s'évanouir aussitôt, comme dans un rêve..... Le disque rouge du soleil avait disparu à l'horizon, Vénus émergeait, la nuit se faisait enveloppante et les arbres, tels de grands fantômes, inclinaient l'un vers l'autre leurs branches dénudées, comme s'ils désiraient causer des temps d'autrefois, et se murmurer de mystérieux secrets...

TROIS POÈTES NOUVEAUX

M. ROMAINS, M. VILDRAC, M. DUHAMEL

TROIS POÈTES NOUVEAUX

(M. ROMAINS, M. VILDRAC, M. DUHAMEL) (1)

Depuis quelques années, ont été publiés, à intervalles assez rapprochés, plusieurs volumes de vers, œuvres de jeunes hommes, dont il ne sied point d'affirmer, comme d'aucuns le prétendent, qu'ils représentent, à eux seuls, la moisson poétique de la génération nouvelle,

(1) Jules ROMAINS : *L'Ame des Hommes,* Paris, 1904, épuisé; *La Vie Unanime,* Paris, l'Abbaye, 1908, un vol.; *Premier Livre de Prières,* Paris, vers et prose, 1909, un vol.; *Un Être en Marche,* Paris, 1910, *Mercure de France,* un vol.

Charles VILDRAC : *Poèmes,* 1905; *Images et Mirages,* 1908; *Le Livre d'amour,* Paris, Figuière, 1910, un vol.

Georges DUHAMEL : *Des Légendes des Batailles,* Paris l'Abbaye, 1907; *L'Homme en tête,* Paris vers et prose, 1909; *Selon ma Loi,* Paris, Figuière, 1910, un vol.

mais qui méritent de fixer l'attention et de la retenir.

Il y a un quart de siècle, une pléïade de poètes bouleversait le monde des lettres en substituant au vers classiques le vers dit « libre » et créait, à grand fracas, l'école symboliste. Ceux qui, alors, dépensaient toute leur indignation à lire Stéphane Mallarmé, Jean Moréas, Gustave Kahn, ne prévoyaient guère qu'en la ménageant davantage, ils trouveraient l'occasion, vingt-cinq ans plus tard, d'en épuiser la réserve contre des révolutionnaires autrement audacieux... M. Jules Romains, M. Charles Vildrac, M. Georges Duhamel éparpillent au vent les règles de la métrique ; peu soucieux d'étriquer une idée dans une ligne aux pieds bien comptés, ils soumettent le vers aux exigences de leur pensée, et, comme ils se gardent d'astreindre cette pensée à une discipline quelconque, il s'ensuit que l'allure d'une telle poésie effarouche fréquemment. La

cadence disparaît, le rythme la
remplace ; sans doute, la cadence
peut déformer l'inspiration ; le rythme, au contraire, traduit libre-
ment et fidèlement les mouvements
de l'âme : tous les lyriques, depuis
Pindare, dans l'antiquité, jusqu'à
Verhaeren, de nos jours, se sont
abandonnés au rythme avec passion. Les jeunes poètes qui s'af-
franchissent définitivement de toute contrainte, font fi de toute règle et de toute rime, sont-ils doués
d'un tempérament assez riche, d'u-
ne puissance d'émotion assez profonde pour excuser de tels dé-
dains ?

Poète, M. Jules Romains l'est
certainement. Sa fécondité d'images étonne et déconcerte ; il voit, il
sent, il pense en images, en images
neuves et violentes ; on remarque,
dans tout ce qu'il écrit, un étince-
lant cliquetis d'images. Mais M.
Romains est philosophe aussi, et
peut-être M. Romains poète témoi-
gne-t-il parfois d'une trop parfaite

5

déférence à l'égard de M. Romains philosophe..... Esprit vigoureux, hardi, mais calculateur, M. Romains imagine un système, celui de la « vie unanime », et voilà « la vie unanime », l'unanisme, (1) fin inéluctable de ses pensées. A-t-on jamais connu un homme à système négligeant de rapporter ciel et terre à son système ? Voyez comme M. Romains fait bonne garde au carrefour : toutes les idées qui surgissent, toutes les figures qui passent, toutes les allées et venues, tous les courants de la vie, il les confisque, et bientôt, n'en doutez point, il vous les rendra... unanimisés. Que M. Romains se promène aux champs ou qu'il erre par la ville qu'il aperçoive une caserne, qu'il attende l'omnibus, infailliblement son action comme celle de ses concitoyens sera ligotée

(1) Il est malaisé de définir l'unanimisme. J'y vois une volonté de substituer à l'individu le groupe, soit éphémère, soit permanent, qui vibre, comme un être unique, d'une vie collective.

et traînée, sur le champ, en tribunal impitoyable de la « vie unanime ». Il faut bien l'avouer, je distingue en M. Romains moins un poète qu'un philosophe, ou mieux, pour tenir égale la balance, un poète aussi ingrat que le philosophe est attrayant. La doctrine de M. Romains attache indiscrètement l'esprit, et, comme elle n'a point, malgré tout, la transparence du cristal, le lecteur doit fournir un certain travail pour se l'assimiler. Etudiez l'œuvre de M. Romains, c'est un exercice fortifiant, mais ne lui demandez point trop l'émotion qu'on attend d'un poète et résignez-vous à faire une cure d'unanimisme. Je n'indique point que M. Romains soit incapable de nous émouvoir. Dans quelques rares poèmes de la « Vie Unanime » et même de « Un être en Marche », il a vraiment laissé son cœur. Le jour où M. Romains interpréta l'âme de la foule massée en l'église du village, il sut, à ce point, assouplir son système, qu'il nous impressionne et nous trouble ; nous pénétrons l'âme de cette foule réunie sous la voûte de la vieille église, nous nous confondons avec elle, une même foi ardente nous transporte, inspirée peut-être de la « vie unanime », mais faite surtout de la misère et de la gloire des espérances humaines :

> « *Oubliant qu'au delà des murs*
> *Il y a la ville et la terre,*
> *Et puisqu'il y a l'infini* ;
> *Le groupe si vieux, si petit,*
> *Qui sèche, qui ne vit plus guère,*
> *Rêve tout haut que Dieu, c'est*
> *[lui ! »* (1).

M. Charles Vildrac a une âme tendre, exubérante d'amour. Il exprime des sensations fortes avec une sincérité naïve et passionnée. M. Vildrac ignore les subtilités de la dialectique ; sa doctrine, c'est

(1) *La Vie Unanime,* L'Église, p. 63.

l'enthousiasme. Il nous révèle des sentiments frais éclos, encore tout chauds, des joies, des tristesses encore brûlantes. Je le crois incapable de violenter, de déflorer une impression, de la casser au nom de la logique ou des nécessités du vers, sous une discipline dégradante : il ne sait même pas maquiller..... Les poèmes de M. Vildrac m'émeuvent, parce que je ne vois en eux nul artifice, mais la nature vraie, puissante, fatale, et qu'ils m'apparaissent un peu comme des lambeaux d'âme et de cœur jetés tout vifs sur les feuillets du livre. Le rythme peut être saccadé ou doux, selon qu'il trahit la révolte ou la tristesse résignée, toujours il reste souple, harmonieux, il nous prend, nous berce et continue de chanter en nous ; je ne le trouve point alambiqué comme, parfois, celui de M. Romains qui se plaît à rompre, de la façon la plus imprévue, le mouvement auquel nous nous abandonnions et

bouscule, trop souvent, sans égards,
la gamme de nos sensations. M.
Vildrac intitule son dernier livre :
Livre d'Amour, et c'est bien le livre d'amour, car il en reste, lorsqu'on l'a refermé, un parfum délicieux d'amour sain et pur qui
apaise puis réconforte. Et l'on se
prend à considérer, avec plus d'angoisse, ceux qui souffrent, à ché-
rir un peu toutes les douleurs qui
glacent et dessèchent la vie de tant
d'êtres humains, à souhaiter de les
pouvoir, un jour, étreindre et ré-
chauffer. Il faudrait citer bien des
poèmes du *Livre d'Amour*, mais
les proportions de cet article ne
permettent que quelques vers :

« Va, ne sois pas gêné de laisser
[paraître en toi
La jeune fille et la mère que fut ta
[mère,
L'enfant que tu étais et qu'à jamais
[tu demeures,
Et tous ceux-là qui sont à ta base
[confuse ;

Et aussi tous ceux-là sur lesquels
[en passant
Tu as appuyé avec tes yeux,
Jusqu'à prendre et garder leur em-
[preinte.

Il ne faut abdiquer aucun de tes
[visages,
Il faut encore apprendre beaucoup
[de visages,
Il faut pouvoir beaucoup de façons
[d'hommes,
Pour être mieux et plus totalement
[un homme ;

Un homme dont la vie rayonne lar-
[ge et loin,
Qui ne se détourne de personne ni
[de rien,
Et respire à son aise dans toutes
[les maisons. » (1).

Il y a une parenté évidente entre l'œuvre de M. Vildrac et celle de

____

(1) Charles Vildrac, *Livre d'Amour*, Etre un Homme, p. 41.

M. Georges Duhamel : elles se développent dans la même atmosphère de vérité et de simplicité franche. Je ne vois point de raison pour apprécier l'une plus que l'autre. Mais, tandis que les poèmes de M. Vildrac me touchent, me vont à l'âme, ceux de M. Duhamel m'intéressent : je suis content de les lire, je n'éprouve pas le besoin de les relire, et pourtant, surtout dans le dernier recueil, *Selon ma Loi,* je note de fort belles pages. C'est il me semble, que, sans se rendre, à aucun degré, l'esclave d'une doctrine, M. Duhamel produit plus avec son esprit qu'avec son cœur. Sa sensibilité est surtout intellectuelle ; elle s'accorde avec nos facultés de réflexion ; il faut l'interpréter : de là, comme une gêne entre le poète et nous ; il reste un compagnon sans devenir un ami. Il n'a ni la ferveur candide, ni la sensualité de M. Vildrac, qui impressionnent d'une manière plus insinuante les forces vives et spontanées de notre être,

« Il est des gens qui ne sentent pas
                         [le pardon
Dès les premiers cris de la colère ;
Il en est qui jamais ne voient
Parmi les sanglots l'aube de la joie,
Et non plus l'opulence dans la mi-
                         [sère.

Eh bien ! depuis des jours le sang
                 [marche dans les plantes ;
Et vous ne l'avez pas senti.
Le ciel est cravaché de cavaliers
                     portant des ordres,
Le ciel est plein de résolutions
                         [naissantes,
Vous ne les devinez donc pas ? »
                         (1).

Et je continuerai à ne pas les de-
viner, car le rythme de M. Duhamel, s'il ressemble à celui de M.
Vildrac, ne sait point envelopper
et troubler. Sa musique cesse dès
que le poème cesse; elle ne se pro-
longe jamais en nous. J'estime M.

(1) Georges, Duhamel, *Selon ma Loi*, La
Neige, p. 68.

Duhamel autant que M. Vildrac, mais je l'aime infiniment moins.

Nous n'examinons point, ici, par le détail, l'œuvre de ces poètes, nous les présentons. Sans doute, ils ont subi des influénces... Qui n'en subit ? Dire que les symbolistes furent leurs maîtres paraît téméraire, mais ils rappellent souvent les symbolistes, en particulier par la liberté du rythme. C'est surtout de Verhaeren qu'ils s'inspirent : on sent comme ils l'aiment et tout ce qu'ils lui doivent. Néanmoins, ils se sont émancipés et rejettent toute tutelle. Une dépression sensible, sinon un fossé, les sépare de la génération précédente. Leur âge les a préservés de toute teinture parnassienne, et ils se révoltent contre les procédés poétiques admis jusqu'alors, d'une manière si provocante, qu'en face d'eux, un Mallarmé, un Moréas, un Verhaeren fait presque figure de classique. Je n'ose employer à leur intention, le mot « école »; car, s'ils communient dans le culte de la nature sincère et de l'expression vive, ils gardent chacun leur caractère bien frappé. On peut les considérer sans indulgence, mais leur groupe est digne qu'on l'examine avec intérêt. Ils attirent et attireront encore des critiques acharnées de ceux qui, demeurant attachés tenacement au vers classique, apprécient un tel irrespect de la tradition comme un crime de lèse-poésie. Traitez-les de « fauves » si le cœur vous en dit, mais n'oubliez point la richesse de leurs tempéraments, leur dégoût de toute stagnation déprimante, ni cette passion glorieuse, qui les exalte, de vie fière, ardente et libre. Je sais que, pour l'un de ces fauves, je donnerais bien tous les rimeurs « domestiques » qui illustrent nos salons... et les œuvres complètes de M. Abel Bonnard.

TABLE DES MATIÈRES

www.ingramcontent.com/pod-product-compliance
Ingram Content Group UK Ltd.
Pitfield, Milton Keynes, MK11 3LW, UK
UKHW022054070726
13613UKWH00002B/805